7

Lk 1379.

NOTICE

SUR BRANNAY

et Concours

DE VAULUISANT.

Imprimerie de Ph. CHAPU, Grande-Rue, 148.

NOTICE

SUR BRANNAY

ET CONCOURS

DE VAULUISANT

PAR

Isidore **GATOUILLAT**,

DE FLACY.

SENS

IMPRIMERIE DE PH. CHAPU,

Grande-Rue, 148.

1858.

Propriété de l'Auteur.

BRANNAY.

Brannay semble tirer son nom de *Brennus*, chef des Gaulois-Sénonais qui emportèrent Rome d'assaut et attaquèrent le Capitole. Cette commune est située à un myriamètre environ de Chéroy et à 15 kilomètres de Sens. La craie ne forme que la plus petite partie de son territoire, elle occupe, sous une bande de terre étroite, le fond de la vallée qui renferme le chef-lieu : en hiver, le cultivateur l'extrait et la répand sur les terres argileuses, afin de les amender et de stimuler leur action végétale. Le reste du territoire, beaucoup plus étendu et sur lequel sont épars çà et là des hameaux et des fermes, appartient aux argiles plastiques et aux sables des terrains tertiaires. Ces terrains sont plats ou quelque peu inclinés. Les eaux pluviales pénètrent assez facilement les sables superficiels; mais, rencontrant bientôt d'épaisses couches d'argile, elles forment de nombreux suintements, des sources souvent ferrugineuses et reconnaissables aux limons rougeâtres qu'elles laissent déposer à leur sortie de terre. Ces eaux, retenues à la surface du sol, le couvrent d'espèces de flaques en certains endroits; mais, en général, elles s'écoulent dans le principal vallon où, s'unissant aux eaux limpides de quelques fontaines, elles forment un petit cours d'eau connu sous le nom de ruisseau des Bergeries.

Faisant partie de l'ancienne province du Gâtinais, Brannay a non-seulement sa physionomie particulière et bien caractérisée, mais naguère encore il était remarquable par la fidélité avec laquelle ses habitants restaient attachés aux vieilles coutumes locales, et, à l'aspect étrange de ce pays, un voyageur aurait pu facilement se croire transporté dans quelque canton écarté de la Puisaye.

 ͑ ͨ sol de cette commune, dans la plus grande par-
 ͨ u territoire, est couvert de bois, de haies vives,
 ͺulinières et d'arbres fruitiers; il recèle, non loin
 llage, une petite prairie naturelle, des plantations
 ͨes et de peupliers : mais partout l'on trouve des
 ins creux, étroits, impraticables presqu'en toute
 ͺ ͨ. La vigne a pour ainsi dire disparu de ce sol
 ͨ et humide; on y vendange à coups de perche,
 ͺ ͨà-dire que le vin y est remplacé par le cidre.

Cependant le froment, le méteil, le seigle, l'orge et l'avoine se plaisent assez bien à Brannay ; on y récolte, en outre, d'excellents fourrages artificiels, des graines oléagineuses, des betteraves et des légumes secs, mais la pomme de terre n'est bonne que dans un terrain choisi et approprié à la culture de cette plante.

Les habitations de cette commune sont dispersées et, à de faibles exceptions près, ne forment que des groupes insignifiants. L'extrême difficulté d'avoir de bonnes voies de communication, dans ce sol mouvant et argileux, est la cause de cette dissémination, chaque propriété ayant besoin, pour être cultivée, d'avoir à proximité ses bâtiments d'habitation et d'exploitation.

Depuis quelques années, on s'est spécialement occupé, à Brannay, du déboisement et du drainage des terres, et les résultats obtenus sont on ne peut plus satisfaisants.

Il existe dans différents hameaux de cette commune, et dans les pays environnants, des tuileries d'une grande importance. Les marchandises qu'elles fabriquent, connues sous le nom de tuiles et briques de Bourgogne, sont fort recherchées par les entrepreneurs de bâtiments de la capitale.

Sur le territoire de Brannay, on compte cinq établissements de ce genre, qui produisent annuellement une moyenne de 175,000 francs de marchandises, et auxquels sont attachées, non-seulement la fortune de ceux qui les font valoir, mais encore la modeste aisance, ou pour mieux dire l'existence d'une grande partie des habitants de cette commune, qui y travaillent l'année entière.

Brannay, dont le terroir n'est que d'une qualité médiocre pour les céréales, ne laisse cependant pas d'être favorisé d'une manière particulière sous le rapport du sol; car, outre qu'on y tire des terres qui sont employées avec un rare succès par les fabricants de tuiles, on en trouve encore qui servent aux potiers et aux faïenciers de la capitale, et qui procurent des revenus énormes à ceux qui les vendent, nonobstant les frais d'extraction et de transport qu'ils sont obligés de payer aux ouvriers qu'ils emploient.

Un nommé Boisson, qui possède un brevet de perfectionnement pour faire de la brique, est venu s'établir à Brannay, l'année dernière, pour faire exécuter les travaux que nécessite son nouveau genre d'industrie. Il a fait tirer des terres blanches, grasses, molles, ductiles, alumineuses, qu'il avait analysées pour en connaître la valeur; puis il les a fait cuire, réduire en poudre comme du plâtre, et il a obtenu une espèce de brique qui résiste à l'action du feu, et qui dure quatre fois plus de temps que celle qu'on fabrique par les moyens ordinaires : on s'en sert pour construire les hauts fourneaux de la capitale.

Sur plusieurs points de la circonscription territoriale, et notamment dans le village, on rencontre de grosses buttes de mâchefers ou laitiers, qui font présumer qu'autrefois il existait, à Brannay, des usines où l'on épurait le fer sortant de mines peu éloignées, des fabriques de poterie, de faïencerie et même d'armes de guerre : on en a employé une grande partie pour la confection de la route départementale n° 2 de Bray-sur-Seine à Chéroy, et du chemin de grande communication n° 26 de Sens à Voulx, qui traversent le chef-lieu de la commune.

Les exploitations agricoles sont aussi la gloire, la richesse et l'ornement du pays de Brannay. Je vais parler surtout du château et de la propriété de M. Délions, où devait avoir lieu, cette année, le concours agricole de l'arrondissement de Sens. C'est là que l'agriculture a fait d'immenses progrès depuis une dizaine d'années, sous la direction du digne maître qui commande et surveille les travaux ; c'est là qu'on peut trouver, sans exception aucune, tout ce qui caractérise une ferme modèle de premier ordre. M. Délions a fait défricher, à Brannay, plus de 100 hectares de bois et drainer au moins 700 ares de terres qui n'étaient pour ainsi dire que de vaines pâtures, et il récolte aujourd'hui, dans cette même propriété, du blé en abondance et de la première qualité. Honneur donc à cet homme pratique, à cet agronome savant, qui, tout en améliorant sa terre pour en retirer un plus grand bénéfice, donne de l'ouvrage et du pain aux habitants pauvres de Brannay et des communes voisines! Puisse son exemple trouver de nombreux imitateurs !

Ainsi, les principales branches de commerce, et partant les seules ressources des habitants de Brannay, sont donc les marchandises fabriquées dans les cinq établissements dont j'ai parlé, la vente des terres, les travaux des bois et la culture du sol.

Je n'entrerai pas ici dans de plus grands détails. Si l'on désire avoir des renseignements sinon plus exacts, du moins plus circonstanciés, on s'adressera à l'homme de Brannay dont le nom fait autorité dans la science agronomique; on pourra également consulter l'*Annuaire de l'Yonne* de 1843, et, dans une petite notice écrite par M. Bardot, l'on trouvera tout ce qui se rattache à l'histoire et à la statistique de cette commune.

Brannay, le 24 *mai* 1858.

VAULUISANT

VAULUISANT.

CONCOURS DE 1857.

> Il ne laissera pas d'inutiles jachères;
> Le trèfle, le sainfoin, les plantes fourragères,
> Le colza, le maïs, l'orge, le sarrazin,
> Le seigle, le froment, la grappe de raisin,
> Chacun au temps marqué, don de la Providence,
> Orneront son enclos de leur magnificence.
> (*Le Métier des champs*. Conc. 1856).

Je te revois enfin, Ferme riante et belle,
Qu'on nomme à juste titre une ferme modèle !
  Ton aspect, en ce jour,
Prouve, une fois de plus, combien l'agriculture
Progresse dans les champs dont la riche parure
  Illustre ton séjour.

Un an s'est écoulé... j'étais lassé d'attendre
Qu'on mît fin au conflit qui m'empêchait d'apprendre,
  O mon cher Vauluisant,
Si cette année encor je parcourrais ta plaine,
Je verrais les froments de ton vaste domaine
  Si beau, si séduisant !

Salut, trois fois salut, Ferme plus belle encore
Que le riche métal que l'Univers adore,
  Que la pourpre et l'azur !
Reçois mon humble hommage, accueille ton poète,
Donne-lui quelques fleurs pour couronner sa tête,
  Castel brillant et pur !

Je le sais, de l'hiver subissant l'influence,
Ton lustre, tes couleurs perdaient leur élégance,
  Lorsqu'enfin le beau temps,
Succédant à ces jours et de neige et de glace,
Ramena les Zéphirs au milieu de l'espace,
  Sur le char du Printemps.

Tout alors est changé : revêtus de verdure,
Les arbres dans les bois ont repris leur parure ;
  Sur le sol attiédi,
Végète, on ne peut mieux, la récolte prochaine,
Que jaunira bientôt la vive et chaude haleine
  Du doux vent du Midi.

Oui j'aime, Vauluisant, ta campagne chérie,
Ton limpide Lalain, ta charmante prairie ;
  Et, enfant des hameaux,

Fier de mes souvenirs, exempt d'inquiétude,
Je reviens te chanter sans art et sans étude,
   Sous tes sombres ormeaux !

Les prés, les bois, les champs et les moissons fertiles
Ont plus d'appas, pour moi, que le séjour des villes
   Où règne la splendeur ;
Loin de leurs vains plaisirs qui bercent la mollesse,
Tout à moi, tout aux lois d'une douce sagesse,
   Je goûte le bonheur.

O vallon précieux ! la tristesse importune
Ne doit point approcher des champs où la Fortune
   A versé ses trésors ;
Où l'humble laboureur, digne enfant de la France,
Vient apprendre combien le fruit de la science
   Est aimé sur tes bords !...

Mais qu'entends-je, grand Dieu ! dans l'enceinte tranquille ?
Quelle fête pompeuse anime cet asile ?
   Pourquoi ces cris, ces chants ?
Quelles danses ! quels jeux ! quelle vive allégresse !
Les Grâces, les Plaisirs, les Ris et la Jeunesse
   Sont au milieu des champs !

Loin de moi, loin d'ici, profane qui méprise
Et l'art de la culture et la noble franchise
   Des paysans joyeux :
Cette fête agricole est bien plus attrayante
Que tous les vains tableaux que la cité bruyante
   Peut offrir à mes yeux.

Quel spectacle, en effet, plus beau, plus magnifique
Que le tapis des champs, qu'une belle musique
      Sous la voûte des airs ;
Que tous ces campagnards habillés d'une blouse,
Venant se disputer sur la verte pelouse
      Les prix des jeux divers?

Ah! qu'il m'est doux surtout, en ces lieux d'allégresse,
De retrouver encor mes amis de jeunesse,
      De leur tendre la main :
L'amitié se redonne au prix d'une accolade;
On se parle, on s'amuse, on boit une rasade
      Dans un joyeux entrain !...

Mais que vois-je là-bas...? C'est la montgolfière
Promise aux visiteurs; une brise legère
      L'emporte vers les cieux :
Telle en la nuit obscure une étoile brillante
Etale au firmament sa clarté scintillante
      Et son disque de feu.

Soudain je vois aussi ce beau feu d'artifice,
Qui lance dans les airs d'une arène propice
      Des jets étincelants :
Tels du haut de ces monts qu'effleurent les nuages,
Des volcans enflammés exerçant leurs ravages
      Lancent des flots brûlants.

Vauluisant! Vauluisant! si j'aime ton silence
Et la plaine fertile où déjà se balance
      Une riche moisson,

Je ne puis dédaigner ton écharpe de fête
Et les globes de feu qui brillent sur ma tête
   Dans la belle saison!...

Mais le jour s'est enfui; le grand rideau des ombres
Répand sur l'univers les couleurs les plus sombres,
   Je dois quitter ce lieu.
Adieu, mère du pâtre, oasis d'allégresse,
Eden tout parfumé de gloire et de richesse,
   Charmant séjour, adieu.

Vauluisant, 31 *mai* 1857.

VAULUISANT.

CONCOURS DE 1858.

> O vallon précieux ! la tristesse importune
> Ne doit point approcher des champs où la Fortune
>   A versé ses trésors ;
> Où l'humble laboureur, digne enfant de la France,
> Vient apprendre combien le fruit de la science
>   Est aimé sur tes bords !...
>   (*Vauluisant.* Conc. 1857).

I.

Riant Château, couronné de feuillage,
Comme le nid d'un oiseau dans les bois,
Prairie en fleurs, ramiers au blanc plumage,
Charmant séjour, salut ! je vous revois.

Du haut des cieux parcourant sa carrière,
L'astre du jour au début des chaleurs,
Étend partout ses réseaux de lumière,
Mûrit les blés et colore les fleurs.
Dans ce vallon, tout m'anime et m'enchante ;
Je confonds tout, je ne sais point choisir.
Et, sans languir dans une vaine attente,
Bien plus heureux, je ne sais que jouir.
Des champs de blé j'ai parcouru l'enceinte,
Les tapis d'herbe au reflet satiné,
Mais c'est en vain que je cherche l'empreinte
De quelque pied sur le sol dessiné.
Tout est désert. La brise printanière
Vient se jouer dans ce joli séjour,
Et la verdure en sa beauté première
Parfume l'air et la nuit et le jour.
Loin, loin de moi, faste brillant des villes ;
Le marbre et l'or ne charment point mes yeux,
Ces prés, ces champs et ces moissons fertiles,
C'est mon bonheur, mon amour et mes vœux.

II.

J'entends au loin un murmure de fête,
Le pâtre accourt suivi de son troupeau,
Et le zéphir apporte sur ma tête
Les bruits lointains qui viennent du hameau.
La foule approche ; un cri se fait entendre,
L'écho des bois redit ses joyeux chants,
C'est le Concours ; on ne peut s'y méprendre,

Des laboureurs, oui, ce sont les accents.
O Vauluisant! mets ton habit de fête,
Montre en ce jour ton antique splendeur,
Car en ton sein tout ce monde s'arrête
Pour contempler ta gloire, ta grandeur.
C'est le Concours : ainsi qu'en temps de guerre
On braque aux champs des pièces de canon,
Les laboureurs enfoncent dans la terre
Les socs pointus qui creusent le sillon.
Chacun s'occupe ; ici, le privilége
De prendre part à la gloire des champs
N'est accordé, comme dans le collége,
Qu'aux travailleurs dignes et méritants.
Je vois soudain le Jury qui s'avance
Pour constater la valeur des travaux ;
Les résultats sont annotés d'avance ;
Les concurrents emmènent leurs chevaux.
Le champ est libre : une foule rieuse
S'assemble autour des sillons retournés,
Pour admirer la forme curieuse
Des instruments au Concours amenés.
C'est le Concours : ah ! quelle belle chose
D'avoir créé ces encouragements :
L'homme des champs ne sera plus morose,
Ce sont pour lui des divertissements.
Honneur à ceux qui, par quelque largesse,
A la routine opposent des remparts :
Pour le pays, c'est le pain, la richesse,
L'agriculture est le premier des arts.

III.

Vers le Château, sur un amphithéâtre,
Musique en tête, on décerne les prix :
Le laboureur, le faucheur et le pâtre
Ne sont point là des hommes de mépris.
Chacun reçoit son prix et sa couronne,
Chérit son sort et ne veut, désormais,
D'autre métier que celui qui lui donne
Tant de faveurs, de charmes et d'attraits.
Fuis de ces lieux, profane qui méprise
De ces héros d'aujourd'hui le bonheur :
Par leur travail et leur noble franchise,
Ils ont acquis la médaille d'honneur.
Bravo ! bravo ! bons serviteurs de ferme,
Dignes objets de ce brillant Concours !
Ah ! retournez d'un pas rapide et ferme
Dans la campagne où s'écoulent vos jours !!!

IV.

Mais que vois-je là-bas, au milieu de l'espace ?
Pourquoi ce grand objet où le monde s'amasse ?
     Qu'offre-t-il d'amusant ?
C'est le mât de cocagne : un concurrent s'avance,
Et, muni de poussière, il palpite d'avance
     Près de l'arbre glissant !
Il l'embrasse, il s'agite, il se lasse, puis tombe ;
Un autre le remplace, et bientôt il succombe
     Sans être plus heureux ;
Mais un dernier enfin, mieux exercé sans doute,

Franchit avec ardeur la difficile route,
    Et descend glorieux !
Pour la jeunesse, ô fortuné présage !
Sur la pelouse, on prépare des jeux ;
Non loin de là, tout près du vert feuillage,
Sont étendus des tissus précieux.
C'est le banquet : sous la tente dressée,
Sont réunis l'agronome savant,
Le domestique, une foule pressée
De laboureurs et même l'artisan.
Là ne sont point les serpents de l'envie ;
On boit, on mange, et d'un commun accord,
Sans souvenir des soucis de la vie,
On trinque ensemble, on estime son sort.

V.

La nuit arrive ; une étoile brillante
Chasse le jour et ramène le soir :
La campagnarde a sa jupe élégante,
Sa crinoline et son corsage noir.
Au même instant, des musiciens habiles
Font vibrer l'air de leurs charmants accords ;
Les jeunes gens aux pas lestes, agiles,
Du bal champêtre encombrent les abords.
De toute part, on s'amuse, et la fête
Jusqu'à minuit conserve sa splendeur ;
Bruyant tambour et perçante trompette
Ne cessent point de résonner en chœur !

VI.

Mais il est temps bientôt qu'on se retire,
Qu'on quitte enfin cet aimable séjour.
Cher Vauluisant, j'abandonne ma lyre,
Mais c'est pour toi mon dernier chant d'amour.

Isidore GATOUILLAT, de Flacy.

Vauluisant, 6 juin 1858.

FIN.

Sens. — Imprimerie Ph. CHAPU.

www.ingramcontent.com/pod-product-compliance
Lightning Source LLC
Chambersburg PA
CBHW060604050426
42451CB00011B/2082